AF229216
AF229216

OBSERVATIONS

SUR LES

COMBATS DE CULM

DES 29 ET 30 AOUT 1813,

PAR

M. le Colonel CHAPUIS.

———

Extrait du Spectateur Militaire.

———

PARIS,

IMPRIMERIE DE L. MARTINET,

RUE MIGNON, 2.

1853.

OBSERVATIONS

SUR

LES COMBATS DE CULM

DES 29 ET 30 AOUT 1813 (1).

Le général de Chambray, dans son *Histoire de l'expédition de la campagne de Russie*, après avoir expliqué, tome Ier, pages 235 et 236, quelles furent les causes, qui, le 27 juillet, empêchèrent le général Barclay de Tolly de livrer bataille en avant de Witebsk, fait remarquer, avec juste raison, que la décision qu'il prit de se retirer fut fort heureuse pour lui, car, moins fort que l'empereur Napoléon, « que » pouvait-il opposer à la garde impériale, corps d'é- » lite plus nombreux alors qu'il ne l'avait jamais » été ? »

Cette demande fort naturelle en cette circonstance,

(1) M. le colonel Chapuis a publié dans le tome VII *de la Biblio-thèque historique et militaire* de MM. Liskenne et Sauvan, des observations très curieuses sur les historiens de la campagne de Russie, et en particulier sur les batailles de Smolensk, de Valou-tina, de la Moskova et sur les divers combats de Krasnoï. Toute l'armée sait que M. le colonel Chapuis, après avoir vaillamment combattu dans ses rangs, commanda avec la plus grande distinc-tion, pendant dix-sept ans, la 4e légion de la garde nationale de Paris.

et n'ayant rien, d'ailleurs, de blessant pour l'honneur de l'armée russe, n'a pas été jugée ainsi par le général Okouneff, qui, dans une note de ses *Considérations sur la campagne de Russie*, page 63, y traite fort lestement et avec aigreur le général de Chambray, et lui répond :

« On aurait opposé à la garde impériale le noyau » de ces mêmes troupes dont quelques régiments ont » suffi, à Culm, pour battre et forcer un corps français de 30 mille hommes à mettre bas les armes. »

La vérité étant ici singulièrement dénaturée, nous ne pouvons laisser passer cette assertion du général Okouneff sans la combattre, parce qu'elle porte une grave atteinte à l'honneur français, que nous devons défendre, en disant ce que nous connaissons de cette bataille malheureuse, qui exerça une si funeste influence sur les destinées de la France, car sans cette défaite, elles ne seraient certainement pas devenues ce qu'elles ont été.

Témoin et acteur dans le drame sanglant de Culm, nous pensons que les détails, en partie inconnus, que nous présentons et dont nous affirmons l'exactitude, seront acceptés pour tels par nos lecteurs.

Cette explication donnée, nous demanderons comment il se fait que le général Okouneff, qui assure qu'à Culm un petit nombre de régiments russes a suffi pour anéantir 30,000 Français, a pu traiter avec autant de mépris un ennemi dont il devait respecter le malheur, puisque sa chute ne fut pas sans gloire.

Il sait bien, et s'il l'ignore il n'est point excusable, car un historien tel que lui ne doit jamais avancer un fait de cette gravité sans s'être assuré de son exactitude ; il sait bien, disons-nous, que les Russes n'étaient pas seuls à la bataille de Culm, qu'ils y eurent pour auxiliaires les Autrichiens et les Prussiens, et que les troupes qui furent opposées au général Vandamme n'étaient pas quelques régiments, mais s'élevaient à plus de 80,000 hommes, dont près de 20,000 sur les derrières du corps français (colonel Boutourlin, *Campagne de* 1813. Général Jómini, *Vie de Napoléon*).

Puisque le général Okouneff veut absolument que ce ne soit pas à cette masse énorme de combattants, mais au courage d'un petit nombre que les ennemis durent leurs succès, nous établissons, par des preuves irrécusables, qu'il s'est plus que trompé et que son erreur n'est point pardonnable.

De Pirna, où il s'était trouvé pendant la bataille de Dresde (27 août 1813), le général Vandamme, chef du 1ᵉʳ corps d'armée, se porta le lendemain 28, à Peterswalde, sur les hauteurs qui dominent le bassin de Culm en Bohême.

Le 29, il descendit vers Culm avec environ 20,000 hommes, répartis de la manière suivante :

La division Philippon, 8 bataillons; la division Dumonceau, 8 bataillons; 2 bataillons du 33ᵉ, 2 bataillons du ᵉ régiment de ligne (ces quatre bataillons, sous les ordres du général Guyot, appartenaient à la division du général Teste, et le reste de sa division, sous son commandement, s'était porté sur Dresde avant la bataille du 27 août). La division Mouton-Duvernet, 8 bataillons (elle faisait partie du 14ᵉ corps d'armée, maréchal Gouvion Saint-Cyr, et avait été mise le 28 sous les ordres du général Vandamme). La division de cavalerie légère du général Corbineau de 12 à 1,300 chevaux. En tout, 1,300 chevaux et 28 bataillons d'infanterie, de 6 à 700 hommes chaque, formant un total de près de 20,000 hommes de nouvelles levées, dont la plus grande partie n'avait pas encore vu le feu, ce que nous attestons de la manière la plus positive.

A cette attestation nous en présentons une autre non moins importante, c'est que les sous-officiers, l'âme des compagnies, n'étaient pas plus aguerris. Ils ne différaient de leurs inférieurs, que parce qu'ils savaient lire et écrire.

Les officiers, seuls, avaient fait la guerre, mais malheureusement il y en avait beaucoup qui, fatigués des précédentes campagnes, ne retrouvaient plus en eux, dans un moment où elle eût été pourtant si utile, une partie de cette vigueur dont jusque-là ils avaient donné de si étonnantes preuves. D'autres, jeunes encore, n'avaient pas acquis toute l'expérience nécessaire pour bien conduire des soldats récemment incorporés, ne sachant pas charger leur arme, ce qu'on leur apprenait au bivouac, en présence de l'ennemi.

Cette fâcheuse situation d'une grande partie des régiments du 1ᵉʳ corps était le résultat de la campagne de Russie, à la suite de laquelle le temps et les moyens avaient manqué pour modifier, dans ces mêmes régiments, nous pourrions dire dans l'armée, les effets de cette terrible guerre de 1812.

Nous ne saurions trop insister sur cette observation, afin qu'on sache bien de quels éléments se composait le 1er corps à la bataille de Culm.

C'est donc avec 20,000 hommes de telles troupes, que le général Vandamme, poussant devant lui le prince Eugène de Wurtemberg et le général Ostermann, chercha à arriver à Tœplitz.

S'il tenait à s'emparer de cette position, c'est qu'il avait compris, avant même la réception d'une lettre du prince Berthier, dont nous parlerons ailleurs, ce que la réussite d'un semblable mouvement devait amener d'incalculables résultats : en effet, cette opinion était si bien fixée dans son esprit, que le 28, après le combat d'Hellendorff, il envoyait de cette position, à huit heures et demie du soir, une dépêche au prince Berthier, où l'on trouve ces mots :

« Demain à la pointe du jour, j'attaque l'ennemi » que j'ai devant moi et je marche sur Tœplitz avec » tout le 1er corps, si je ne reçois pas l'ordre contraire. » (Général Pelet, *Spectateur militaire*, t. Ier, p. 265.)

Mais ce qui décida bien plus fortement encore le général Vandamme à marcher sur Tœplitz, c'est l'ordre formel qu'il reçut d'exécuter ce mouvement, sans toutefois lui parler de sa lettre du 28, qui resta sans réponse. Ce fait, d'une si grande importance, qui est contredit par le baron Fain, puisqu'il accuse le général Vandamme d'être descendu des montagnes sans ordre (*Manuscrit de* 1813, t. II, p. 313), est au contraire positivement confirmé par les généraux Jomini et Beauvais, tous deux en position d'être parfaitement renseignés.

Le premier, *Vie de Napoléon*, t. IV, p. 400 et 401, donne sur ce sujet une note si explicite, que nous croyons utile d'en transcrire les points principaux.

« Il est certain que Vandamme reçut l'ordre de » pousser jusqu'à Tœplitz ; que ce fut un colonel d'état- » major, né en Suisse (par conséquent un compatriote » du général Jomini), qui le lui porta, et qu'on lui » confirma dans la nuit du 29.

» Il est certain encore qu'il devait être soutenu par » les maréchaux Mortier et Gouvion Saint-Cyr. (Le gé- » néral Pelet l'indique, *Spectateur militaire*, t. Ier, » p. 272 et 273.)

» Ces dispositions ont pu être changées, mais il est » plusieurs faits incontestables.

» 1° C'est que Vandamme reçut bien l'ordre ;

» 2° C'est que le mouvement sur Tœplitz était fort » habile, et qu'il eût mis les alliés à deux doigts de » leur perte, si l'armée l'eût soutenu ;

» 3° C'est que Vandamme ne reçut point contre- » ordre et ne fut point averti qu'on ne le soutenait » pas. »

De son côté, le général Beauvais nous fournit, t. XXII, p. 94 des *Victoires et conquêtes*, ce rensei- gnement non moins positif :

« Il est notoire aujourd'hui que le général Van-

» damme avait reçu des ordres formels , et que le
» prince Berthier lui avait dit dans sa dépêche :

» Allez droit à Tœplitz , et vous vous couvrez de
» gloire. »

A ces deux assertions nous ajoutons ce renseignement nouveau, qui , sans être aussi affirmatif, en dit
autant : -

« Ce qui prouve d'une manière toute particulière
» que le général Vandamme avait bien reçu l'ordre
» donné par le prince Berthier, c'est que, immédiate-
» ment après la défaite de Culm, le prince ayant ap-
» pris la captivité de Vandamme et l'arrivée à Pirna
» de son premier aide-de-camp, M. de Coisy , il en-
» voya à celui-ci un officier de gendarmerie avec
» l'ordre spécial de saisir tous ses papiers.

» Démarche singulière , qui n'avait d'autre but ,
» sans doute, que de soustraire , s'il était possible, la
» dépêche en question, afin de laisser toute la respon-
» sabilité de la catastrophe au général Vandamme,
» qui , aux yeux de l'Empereur, aurait agi sans ordre
» et de son propre mouvement.

» Cette circonstance bien remarquable nous a été
» rapportée et certifiée par M. de Coisy lui-même ,
» que nous avons beaucoup connu, ayant été son com-
» pagnon de captivité à Erlau (Hongrie), par suite de
» la violation de la capitulation de Dresde (1). »

Quant à nous , compagnon aussi de captivité de

(1) Renseignement tiré des *Souvenirs militaires* inédits de
M. Saint-Ange Chapuis, chef de bataillon au 85ᵉ régiment de
ligne, actuellement en retraite à Annonay (Ardèche).

M. de Coisy, nous nous ressouvenons parfaitement de l'avoir plusieurs fois entendu parler du fait que nous venons de citer et de l'ordre qu'aurait reçu le général Vandamme, sans pourtant se rappeler si cet ordre était parmi les papiers que saisit l'officier de gendarmerie, ou si le général Vandamme l'avait gardé entre ses mains.

Mais ce qui vient donner de la force à ce nouveau document, c'est ce que dit le général Pelet, *Spectateur militaire*, t. Ier, p. 81.

Après avoir fait connaître la lettre du prince Berthier au général Vandamme, datée de Pirna, le 28, à 4 heures de l'après-midi, lettre dont nous avons parlé page 463, et dans laquelle on lit :

« L'ennemi que nous avons battu paraît se retirer » sur Annaberg. Sa Majesté pense que vous pourriez » arriver avant lui sur la communication de Tetschen, » Aussig et Tœplitz, et lui prendre ses équipages, ses » ambulances, ses bagages, et enfin ce qui marche » derrière une armée ; » lettre qui détruit complétement l'accusation que le baron Fain a portée contre le général Vandamme d'être descendu des montagnes sans ordre ; le général Pelet ajoute :

« Cet ordre est le seul qu'on ait trouvé : le général » Vandamme n'est mentionné dans aucun de ceux en- » voyés le 29, ce qui fut constaté, car l'Empereur a » cherché avec soin, ainsi que le dit le baron Fain, ce » qui avait autorisé le général Vandamme à s'avancer » jusqu'à Tœplitz.

» Cet ordre aurait-il été donné par le prince Berthier

» pendant que l'Empereur était le plus souffrant des
» douleurs qui le prirent ce jour-là près de Pirna ?
» douleurs telles qu'on le crut empoisonné , qu'on le
» mit dans sa voiture et qu'on le ramena à Dresde ,
» ce qui arrêta et compromit tout, parce que de Pirna
» il aurait pressé et maîtrisé toutes les volontés. »

Eh ! mon Dieu, oui ! C'est sans doute dans ce moment que fut adressé au général Vandamme l'ordre
d'aller à Tœplitz ; autrement, si le prince Berthier ne
l'avait pas écrit , pourquoi envoyer l'officier de gendarmerie saisir les papiers de M. de Coisy ? Cette mesure était trop significative pour qu'on pût y attacher
un autre motif que celui de soustraire l'ordre. Mais
admettant le contraire, c'est-à-dire que le prince Berthier n'ait rien écrit au général Vandamme pendant l'indisposition de l'Empereur , il est un fait
certain : c'est que si , suivant le baron Fain, on n'a
pas trouvé le nom du général Vandamme dans les
ordres du 29 , il n'en est plus de même pour le 30 ,
puisque , ce jour-là, l'Empereur écrivait de Dresde au
prince Berthier :

« Écrivez au maréchal Marmont, au roi de Naples,
» au maréchal Mortier et au maréchal Saint-Cyr, que
» le point difficile pour l'ennemi est Zinnwald, où l'o-
» pinion de tous les gens du pays est que son artille-
» rie et ses bagages ne pourront passer qu'avec une
» peine extrême ; que c'est donc sur ce point qu'il
» faut se réunir et attaquer ; que l'ennemi, tourné par
» le général Vandamme, qui marche sur Tœplitz , se
» trouvera très embarrassé et sera probablement obligé

» de laisser la plus grande partie de son matériel. »
(Général Pelet, *Spectateur militaire*, t. Ier, p. 273).

Lettre très significative sur des points importants
que nous signalerons ailleurs, mais encore sur celui
concernant le général Vandamme ; car si l'Empereur
a pu dire dans sa lettre que ce général marchait sur
Tœplitz, c'est qu'il en avait reçu l'ordre, ou bien
qu'on avait jugé inutile de répondre à sa lettre que
nous avons reproduite page 463, et où il disait « qu'il
» exécuterait ce mouvement s'il ne recevait pas d'ordre
» contraire. »

Si ces observations, appuyées sur des faits irrécusables, établissent bien, ce que nous croyons, la
preuve que le général Vandamme avait l'ordre de
marcher sur Tœplitz, il nous reste à démontrer, par
un fait encore inconnu, qu'il avait bien aussi reçu
l'avis qu'il serait soutenu.

Le 29, vers les dix heures du soir, le lieutenant-
colonel d'artillerie Gargam rejoignit le 1er corps avec
le parc de réserve qu'il commandait. S'étant présenté
chez le général Vandamme aussitôt son arrivée, ce
dernier lui demanda si, dans la marche qu'il venait
de faire, il n'avait point aperçu de troupes derrière
lui. Cet officier répondit qu'effectivement il avait re-
marqué une colonne d'infanterie s'avançant sur la
même route qu'il parcourait.

« Eh bien donc, à demain ! » s'écria le général Vandamme d'un air de satisfaction.

Ces paroles, entendues par le chef de bataillon
Saint-Ange Chapuis, que nous venons de citer

page 465, et qui se trouvait en ce moment auprès du général Vandamme, sont restées à jamais gravées dans sa mémoire, en raison de la catastrophe du lendemain. Elles prouvent, d'une part, que le général Pelet s'est trompé quand il a écrit, *Spectateur militaire*, tome Ier, page 274 :

« C'est dans la matinée du 30 que le général Van-
» damme reçut son parc de réserve; » et de l'autre, que si le chef du 1er corps n'avait pas compté d'être soutenu, il n'aurait pas fait sa demande au lieutenant-colonel Gargam, ni prononcé ces mots : « Eh bien donc, à demain! » car il ne pouvait entrer dans sa pensée que les troupes aperçues par ce dernier étaient l'avant-garde du corps prussien du général Kleist. Mais n'anticipons pas sur les événements, et revenons aux luttes de Culm, que l'importance du fait relatif à la marche du général Vandamme sur Tœplitz nous a forcé d'interrompre.

Le général russe Ostermann, homme de beaucoup de résolution, sentant tout ce que le mouvement offensif du général Vandamme, qui le serrait de près, aurait de désastreux pour les alliés, encore engagés dans les défilés des montagnes qui séparent la Saxe de la Bohême, et dont ils ne sortiraient pas si les Français étaient maîtres de Tœplitz (1), s'établit en avant de cette ville avec la ferme résolution d'en défendre l'entrée à tout prix.

(1) Colonel Boutourlin, *Campagne de* 1813, pages 313, 314. — Sir Robert Wilson, *Tableau de la puissance de la Russie*, page 35, témoin oculaire.

Le général Vandamme, avec une partie de ses troupes (le reste était encore en arrière), l'aborda franchement. Le combat s'étant engagé sur toute la ligne, les Russes furent forcés de céder du terrain, et le 1er corps allait atteindre le but qui devait l'illustrer, lorsque l'ennemi, s'arrêtant tout à coup, prouva par une vigoureuse résistance que des troupes fraîches étaient venues à son secours.

En effet, de nouveaux auxiliaires accoururent sur le lieu du combat, ayant à leur tête le roi de Prusse, qui, pour exciter la valeur des soldats, leur annonça que l'empereur Alexandre était encore en deçà des montagnes avec le gros de l'armée.

Le combat devint alors terrible ; les Français, malgré le nombre toujours croissant des ennemis, redoublèrent de courage et d'efforts. Mais ce nombre s'étant encore considérablement augmenté par l'arrivée, vers sept heures du soir, du corps des grenadiers du général Miloradowitz, il fut impossible au général Vandamme de combattre plus longtemps, et il dut se retirer vers Culm avec une perte de plus de 2,000 hommes tués et blessés.

La faiblesse numérique de son corps d'armée, dont la force était encore diminuée par l'échec qu'il venait d'éprouver, les ennemis qui le suivirent dans sa marche rétrograde, et dont la masse augmentait à chaque instant, devaient sans doute le déterminer à gagner les hauteurs de Peterswalde (suivant le général Pelet, tome Ier, page 272, le conseil lui en aurait été donné par le général Haxo) ; mais l'ordre qu'il avait reçu d'aller à Tœplitz, l'appui qu'on lui avait promis, et sur lequel il comptait, lui firent prendre une résolution contraire ; il s'arrêta donc à Culm et s'y établit, sans qu'il pût toutefois, vu le petit nombre de ses troupes, faire occuper plusieurs points importants qui auraient assuré sa retraite dans le cas où il aurait été battu.

Tout autre que le général Vandamme aurait eu cette crainte, en voyant le lendemain matin, au point du jour, les forces imposantes des alliés, qui pendant la nuit du 29 au 30 s'étaient déployées en demi-cercle autour de lui ; mais comme ce sentiment n'entrait pas dans une âme aussi vigoureusement trempée que la sienne, il attendit de pied ferme ses adversaires.

Attaqué vers les onze heures du matin par trois côtés à la fois, il leur résista avec une opiniâtreté digne d'un meilleur sort, et il leur donna en même temps la mesure de ce qu'un chef tel que lui pouvait obtenir de jeunes soldats, quand il savait leur inspirer un grand courage.

Si, d'une part, cette lutte acharnée étonna les alliés, qui ne devaient point y croire, tant leur nombre était considérable, de l'autre, elle fit espérer au général Vandamme qu'elle lui permettrait de prendre l'offensive dès que les troupes qu'il attendait et qu'il savait être en marche entreraient en ligne. Malheureusement cet espoir ne pouvait se réaliser, car le corps que l'on croyait français et que l'on voyait descendre des hauteurs de Peterswalde par la route que le 1ᵉʳ corps avait parcourue la veille, était les deux divisions prussiennes sous les ordres du général Kleist.

Ce corps, qui allait entrer en ligne d'une manière si fâcheuse pour le général Vandamme, avait été dirigé sur Culm par des instructions que le général Jomini fait connaître (*Légendes de la vie de Napoléon*, pages 47 et 48), et qu'il convient essentiellement de reproduire, ainsi que la narration de divers incidents qui précédèrent, dans l'armée des alliés, la catastrophe de Culm. Les faits cités par cet historien ont une trop grande importance pour ne pas les copier textuellement :

« Lersque le corps de Vandamme commençait à » descendre sur Nollendorf, l'empereur d'Autriche et » le roi de Prusse se trouvaient déjà à Tœplitz. L'em- » pereur Alexandre, au contraire, avait passé la nuit » du 28 à Altenberg, en deçà des montagnes, où il » était arrivé de bonne heure avec le prince de » Schwartzenberg. Quoiqu'il ne connût pas ce qui se » passait du côté de Giésubel, le général *** (Jomini) » proposa le 28, après midi, de porter immédiate- » ment sur Kraupen le corps d'armée autrichien qui » venait d'arriver à Altenberg, attendu qu'il était ur- » gent de surveiller la droite et les derrières. Le prince » de Schwartzenberg, ou plutôt son état-major, s'y » refusa, et cet incident faillit devenir funeste.

» L'empereur Alexandre, arrivé le 29, vers onze » heures du matin, sur la montagne du Geyersberg, dé- » couvrit tout le vallon de l'Eger. Apercevant la fumée » d'une canonnade violente vers Culm, il fit accélérer

» la marche des réserves de la cavalerie russe vers le
» feu ; puis il continua à descendre dans la plaine, sur
» Dux, où était marqué son quartier-général.

   » Un peu plus tard, le corps de Collorédo com-
» mença à déboucher du Geyersberg. L'empereur
» Alexandre lui envoya un de ses généraux pour l'in-
» viter à marcher sur Tœplitz , mais Collorédo s'ex-
» cusa, prétextant qu'il ne pouvait faire ce mouve-
» ment que sur l'ordre de Schwartzenberg.

   » Cependant l'empereur Alexandre et le comte de
» Metternich s'étant réunis à Dux dans le palais du
» fameux Wallenstein, Sa Majesté fit appeler le prince
» W... et J... (Eugène de Wurtemberg et Jomini)
» pour délibérer sur les graves circonstances qui al-
» laient se présenter. On se rappelle que les Autri-
» chiens, conformément à la disposition arrêtée sous
» Dresde, avaient le projet de se retirer derrière l'Eger,
» sans songer même à disputer les fortes positions du
» Mittelgebirge , entre cette rivière et Tœplitz. On
» démontra vivement le danger qu'il y aurait à per-
» sister dans cet étonnant projet. Lors même qu'on
» serait décidé à gagner l'Eger, ne fallait-il pas, pour
» réussir, se jeter d'abord sur le corps qui menaçait
» la retraite, afin de sauver la moitié de l'armée en-
» core engagée dans les montagnes avec un immense
» matériel? Si on donnait le temps à Napoléon de sou-
» tenir Vandamme en longeant l'Elbe, *tout serait fini*.
» Il n'y avait donc pas un instant à perdre pour se
» débarrasser de ce voisinage dangereux.

   » Le comte de Metternich, convaincu de ces vérités,

» donna l'ordre aux Autrichiens de se rassembler au-
» tour de Tœplitz. L'empereur Alexandre, de son
» côté , chargea *** (Jomini) d'écrire au général
» Kleist pour l'informer qu'on attaquerait Vandamme
» vers Culm le lendemain de grand matin, et l'enga-
» ger à manœuvrer pour descendre sur son flanc droit
» par les défilés du Geyersberg qu'il avait eu précé-
» demment l'ordre de suivre. L'ambassadeur de
» Prusse, général Schœler, voulut se charger de por-
» ter lui-même cette lettre au général Kleist, afin de
» lui expliquer l'état des choses et de lui démontrer
» l'importance de ce mouvement.

» Le général Schœler, en lui portant l'ordre, trouva
» le défilé de Kraupen encombré de bagages, de parcs
» de toutes les espèces, dont quelques voitures, bri-
» sées dans les chemins creux, rendaient la marche
» impossible. *Le désordre était si grand, que l'ambas-*
» *sadeur prussien, forcé d'abandonner son cheval, con-*
» *tinua la route à pied.*

» Kleist, instruit de cet encombrement, et n'appré-
» ciant pas moins l'importance du mouvement qui lui
» était prescrit que le danger auquel il serait exposé
» en restant dans ce coupe-gorge, résolut de se ra-
» battre par la crête des montagnes sur la chaussée de
» Peterswalde pour gagner le Nollendorf, mouvement
» hardi dans lequel on pouvait tomber au milieu des
» colonnes de Napoléon, si , comme cela était présu-
» mable, il avait fait appuyer le mouvement de Van-
» damme.

» Cette manœuvre désespérée, mais la seule exé-

» cutable , surpassa l'attente des alliés. Aucun corps
» de Napoléon n'avait suivi le chemin de Peterswalde.
» Kleist ne fut point troublé dans sa marche, et arriva
» avant midi à Nollendorf, d'où il descendit sur Ar-
» besau, près de Culm. »

En transcrivant cette narration du général Jomini,
qu'on peut regarder comme authentique, puisqu'il fut
le principal acteur dans les faits qu'elle reproduit,
on éprouve un sentiment d'autant plus douloureux
que, si le désastre de Culm a pesé d'un poids si immense sur la campagne de 1813, c'est au général
Jomini qu'on le doit en grande partie. Sans cet
homme, qui, chef d'état-major du 3ᵉ corps (maréchal Ney), abandonna son poste le 14 août 1813 pour
passer à l'ennemi, il est certain que le général Vandamme s'emparait de Tœplitz, et que, dès lors, la
campagne de 1813 se terminait comme elle avait
commencé, par des victoires aussi importantes que
celles de Lutzen, de Bautzen et de Dresde.

Lorsqu'il a publié les *Légendes*, complément de la
Vie de Napoléon, et qui expliquent certains faits très
significatifs qu'il ne pouvait insérer dans son histoire,
le général Jomini n'a sans doute point pensé qu'il
fournirait lui-même la preuve irrécusable de l'influence qu'il exerça sur les décisions que les alliés
prirent alors contre l'armée française, influence qu'on
pourrait lui reprocher un jour, parce qu'il ne devait
pas se trouver avec eux.

Quoique le général Jomini ne se nomme point,
nous ferons cependant remarquer que les trois étoiles

à la place du nom signifient Jomini ; autrement si un autre que lui avait fait les diverses propositions dont il parle, il est certain qu'il n'eût pas hésité de nommer le personnage, ainsi que cela a eu lieu pour d'autres circonstances où son action fut moins puissante.

Les *Légendes* démontrent donc :

1° Que le 28 août, le général Jomini proposa d'envoyer sur Kraupen un corps d'armée autrichien, lequel refusa d'exécuter l'ordre qu'on lui avait adressé, refus qui faillit devenir funeste ;

2° Que le 29, l'empereur Alexandre étant arrivé sur les hauteurs de la montagne de Geyersberg, et ayant aperçu la fumée d'une canonnade violente vers Culm, il envoya, dès que le corps autrichien de Collorédo parut, un de ses généraux (sans doute le général Jomini) pour l'inviter à marcher sur Tœplitz, mais Collorédo s'excusa, prétextant qu'il lui fallait l'ordre du prince de Schwartzenberg ;

3° Que dans l'après-midi du même jour, l'empereur Alexandre réunit chez lui le comte de Metternich, le prince Eugène de Wurtemberg et le général Jomini pour délibérer sur la gravité de la situation.

Ce dernier fit sentir le danger immense qu'il y avait à persister dans la résolution prise après la bataille de Dresde, de se retirer derrière l'Eger. Les raisons du général Jomini furent si puissantes qu'on renonça à cette retraite, et qu'on donna aussitôt l'ordre aux Autrichiens de se rassembler autour de Tœplitz, ce qui fut exécuté.

Nous disons que c'est au général Jomini que les alliés durent cette modification, si capitale, dans leur marche rétrograde, parce que les trois autres personnages de la réunion, malgré leur mérite et leurs hautes capacités, n'étaient cependant pas des hommes à apprécier entièrement la faute énorme qu'on commettait, puisque le soir de la bataille de Dresde, ils avaient accepté cette inconcevable retraite derrière l'Eger.

4° Que c'est encore le général Jomini qui conseilla le mouvement du général Kleist et écrivit la lettre que se chargea de porter le général Schœler.

Ces faits, que le général Jomini a relatés dans les *Légendes*, établissent donc de la manière la plus évidente l'action immense qu'il exerça alors. Sans cette action, ces mêmes faits se seraient-ils accomplis comme cela eut lieu? Certainement non, car il y avait un tel désordre dans l'armée des alliés et dans les idées de la plupart de ceux qui en commandaient les fractions, que le général Jomini convient que des généraux prirent des directions diamétralement opposées à celles indiquées, ce qui produisit dans les défilés d'énormes encombrements, et que d'autres refusèrent d'exécuter les ordres de l'empereur Alexandre.

De tout ce que le général Jomini fait connaître sur les événements qui se passèrent du 28 au 30 août, dans la sphère des montagnes qui séparent la Saxe de la Bohême, il ressort donc la preuve incontestable, que les alliés, par suite de la perte de la bataille de

Dresde, se trouvaient dans la situation la plus fâcheuse, et que sans la présence du général Jomini dans leur armée, cette situation s'aggravait si sérieusement qu'ils ne pouvaient plus continuer la campagne.

Les *Légendes* l'exposent si complétement, que le doute n'est plus permis à cet égard : aussi on est étonné que le général Jomini, qui avait dans sa conduite passée un acte répréhensible à faire oublier, n'y ait point songé lorsqu'il écrivait, dans cette annexe de la *Vie de Napoléon*, les faits que nous avons cités, croyant, sans doute, qu'ils passeraient inaperçus pour la plupart des lecteurs, qui, en consultant les *Légendes*, n'y attacheraient pas sur tous les points l'importance qu'ils méritent. Pour nous c'est le contraire, puisque le travail dont nous nous occupons demande de sérieuses investigations.

Quant à ce que le général Jomini a écrit sur ce qui est relatif au général Kleist, ses renseignements font la condamnation des maréchaux Gouvion Saint-Cyr et Mortier, auxquels on peut reprocher d'avoir laissé passer le corps prussien que commandait le général Kleist, lorsqu'il leur était si facile de paralyser ses mouvements ; ce que nous prouverons autre part.

Nous revenons à la bataille de Culm.

Comme nous l'avons dit, les deux divisions du général Kleist étant descendues des hauteurs de Peterswalde, elles vinrent s'établir à cheval sur la route de Pirna à Tœplitz et derrière la ligne de bataille du général Vandamme. Elles annoncèrent par une vive canonnade qu'il s'était cruellement trompé, et qu'au lieu d'un secours ardemment attendu, le nombre de ses ennemis venait, au contraire, de s'augmenter. Cette canonnade lui prouva encore que sa position changeait totalement de face ; qu'elle devenait des plus critiques, et que pour en sortir, sinon victorieux, du moins sans honte, il lui fallait des efforts surhumains. Montrant alors à ses soldats cette assurance qui sait inspirer aux timides l'énergie des braves, il resta constamment à la hauteur de la terrible situation que le sort lui préparait. La jugeant d'un coup d'œil rapide, car on peut être certain que son grand caractère n'en avait point faibli, il prit sans hésiter des mesures pour faire face à l'orage et contenir un nouvel adversaire qui jetait dans la balance 31 bataillons de troupes avec une nombreuse artillerie.

Ces dispositions, que la situation exigeait, eurent cependant le grave inconvénient de dégarnir le centre de son armée où l'on se battait vigoureusement.

Jusqu'à ce moment, toutes les tentatives de l'ennemi sur ce point étaient restées sans succès.

Parmi ces tentatives, nous devons en signaler une où les deux bataillons du 85e de ligne se conduisirent si honorablement, qu'il convient de faire connaître ce dont nous avons été le témoin, parce que des faits de cette nature ne doivent pas rester ignorés.

Ces deux bataillons (le 3e, chef de bataillon Saint-Ange Chapuis ; le 4e, chef de bataillon Filanchier), dans un mouvement ordonné par le général de division Dumonceau, à la division duquel ils avaient été provisoirement attachés, se trouvèrent séparés de 3 à 400 pas l'un de l'autre. L'ennemi en profita pour lancer sur le 3°, dont il était le plus rapproché, une nombreuse cavalerie qui l'enveloppa en un instant. Le bataillon disparut. Dans le 4°, on le croyait perdu ; mais son chef sut l'électriser si admirablement, qu'il repoussa aux cris de *Vive l'Empereur !* les charges de cette cavalerie. Jonchant la terre de morts et de blessés , il finit par se faire jour et par rejoindre le 4° bataillon.

Ce dernier , imitant le bel exemple qu'on lui donnait, ne fut point, il est vrai, chargé par la cavalerie : le terrain qu'il occupait l'en préserva ; mais il fut foudroyé par une batterie ennemie très rapprochée, dont la mitraille éclaircissait cruellement ses rangs. Les jeunes soldats composant ce bataillon supportèrent cette rude épreuve avec une fermeté d'autant plus remarquable , que c'était la première fois qu'ils se trouvaient dans une situation aussi terrible, et qu'ils subissaient les effets destructeurs de cette grêle de fer.

Nous avions donc raison de faire ressortir la conduite de ces deux bataillons, qui, seuls dans la plaine en avant de Culm, furent sacrifiés pour favoriser la retraite de la division Dumonceau. Dans cette circonstance , ils se montrèrent dignes de leurs devanciers d'Italie et d'Égypte (le 85° de ligne avait fait ces campagnes), et il ne leur manqua à Culm que d'être vus par l'empereur Napoléon, qui aurait pu dire d'eux ce que disait le bulletin de la bataille de Marengo

(14 juin 1800), en parlant de l'infanterie de la Garde
consulaire, « qu'elle paraissait une redoute de granit
au milieu d'une plaine immense. »

Nous ajouterons, non point pour nous justifier d'a-
voir dit que les deux bataillons du 85ᵉ de ligne furent
sacrifiés, mais pour le prouver, que le général Dumonceau s'étant avancé à cheval et sous l'escorte
d'une seule ordonnance, vers les deux bataillons qui
venaient de se réunir et auxquels il voulait donner un
nouvel ordre, ne put parvenir jusqu'à eux, parce que
plusieurs haies s'y opposaient et barraient le passage.
Voyant de la place où nous étions l'embarras du général, nous nous approchâmes pour l'aider à en
sortir ; mais dès qu'il nous aperçut, et sans nous laisser
arriver près de lui, il nous cria de dire aux deux chefs
de bataillon du 85ᵉ « qu'il leur donnait l'ordre formel,
» et de l'exécution duquel il les rendait responsables,
» de tenir dans leur nouvelle position jusqu'à la der-
» nière extrémité, afin de laisser le temps à sa division
» de faire un mouvement rétrograde vers la chaussée
» de Pirna. »

Ces paroles prononcées (elles furent aussitôt fidè-
lement transmises et l'ordre fut exécuté), le général
Dumonceau voulut rejoindre sa division ; mais dans
le peu de temps qui s'était écoulé depuis qu'il l'avait
quittée, des tirailleurs prussiens s'étant glissés entre
elle et les deux bataillons du 85ᵉ, il fut fait prisonnier.

Conduit dans un petit bois sur les hauteurs de Pe-
terswald, il s'y trouvait, ainsi que plusieurs officiers

et soldats français, prisonniers comme lui, sous la
garde d'un détachement de Prussiens, commandé par
un major, lorsque le colonel Chartran, qui se retirait
vers Pirna avec les débris de son régiment (le 25ᵉ de
ligne, division du général Dumonceau), apprit par un
capitaine d'artillerie qui était parvenu à s'échapper du
bois, et duquel nous tenons ces détails, la triste position du général Dumonceau.

Attaquer le bois, l'enlever, délivrer les prisonniers
et prendre le détachement qui les conduisait, fut l'af-
faire d'un instant.

Cette action, où une grande énergie fut déployée
par le colonel Chartran, lui valut le grade de général
de brigade.

C'est ce même général Chartran, avec lequel nous
avons été sous-officier de 1806 à 1807, dans le 1ᵉʳ bataillon des chasseurs à pied de la garde impériale,
qui fut chargé par l'Empereur d'une mission dans le
midi de la France, en mars 1815, après le départ du
roi Louis XVIII. Pour ce fait, le général Chartran
fut traduit, le 24 décembre de la même année, devant le 1ᵉʳ conseil permanent de la 16ᵉ division militaire, et incarcéré ce jour-là dans les prisons de
Lille.

Jugé le 9 mai 1816, il fut condamné à la peine de
mort, à l'unanimité, comme convaincu d'avoir rempli
en mars et en avril 1815 une mission dont le but a
été de détruire le gouvernement du Roi dans le midi
de la France. Le conseil a néanmoins recommandé le
général Chartran à la clémence de Louis XVIII, le-

quel fut inexorable, puisque l'exécution du jugement
eut lieu le 22 mai dans l'intérieur de la citadelle de
Lille. Le général Chartran ne voulut pas se laisser
bander les yeux, et il commanda lui-même le feu....

Le premier conseil permanent de la 16e division,
convoqué en conséquence de l'ordre du ministre de
la guerre (le duc de Feltre) par le marquis de Ju-
milhac, lieutenant-général, gouverneur de la 16e division, se composait du baron Charnotel, maréchal-
de-camp, président; baron Évain, maréchal-de-camp,
juge; comte Caraman, maréchal-de-camp, juge;
baron Deschamps, colonel des cuirassiers d'Orléans,
juge; chevalier Moizet, chef d'escadron de gendarmerie, juge; Goudmetz, capitaine des hussards du
Nord, juge; Vanvormhoud, capitaine de la légion du
Nord, juge; Detespaul, capitaine de la légion du
Nord, rapporteur; Dorcy, capitaine de la légion du
Nord, procureur du roi; Duthoit, greffier (*Moniteur*
du 12 mai 1816).

La confraternité et notre ancienne liaison avec le
général Chartran nous faisaient un devoir de reproduire
un jugement qui le condamne à la peine de mort pour
avoir rempli dans son pays, et sur l'ordre de l'Empereur, une mission après la sortie de France de
Louis XVIII; jugement sur lequel nous ne ferons
aucune observation, laissant le lecteur libre d'en apprécier l'équité, ainsi que le motif qui nous a guidé
dans cette circonstance et fait oublier pour un instant
la bataille de Culm à laquelle nous revenons.

Comme nous le disions plus haut, les tentatives de

l'ennemi étant restées sans succès...., il ne compre-
nait pas qu'on pût l'arrêter. S'apercevant enfin que
si les Français n'avaient rien perdu de leur énergie,
il n'en était plus de même de leur force numérique,
il redoubla d'efforts, et lança contre leur ligne de
bataille des masses si nombreuses et si souvent renou-
velées, que les troupes qui la composaient, affaiblies
et chargées de tous côtés, finirent par fléchir et par
être refoulées jusqu'au pied des montagnes ; la division Mouton-Duvernet à droite, la division Philippon
au centre (ces deux divisions purent gagner, sans être
poursuivies, les hauteurs de Furstenwulde), la division Dumonceau et le reste de l'armée sur la route de
Pirna à Tœplitz.

Là, plus de salut en quelque sorte possible, puisque
cette route était au pouvoir du général Kleist.

Maître du défilé de Tellnitz, il terminait le réseau
dont ces troupes étaient enveloppées. Dans une telle
situation, que de soldats auraient mis bas les armes ;
mais ceux de la division Dumonceau et des quatre
bataillons de la division Teste, animés par leurs officiers, restèrent inébranlables, car leur courage avait
grandi avec le danger.

Précédés par la cavalerie du général Corbineau, ils
se précipitèrent sur les Prussiens, les attaquèrent si
impétueusement, qu'ils les culbutèrent dans le plus
grand désordre et parvinrent à franchir le défilé dans
lequel ils devaient tous trouver la mort ou la captivité.
Sans leur audace, Tellnitz devenait pour eux de véri-
tables fourches caudines.

Un fait digne de remarque, c'est que, vaincus, les Français enlevèrent l'artillerie du général Kleist, que la difficulté du terrain les força d'abandonner avec la leur.

Cette attaque extraordinaire, et à laquelle on a de la peine à croire, a fait dire (page 35) à sir Robert Wilson, témoin oculaire :

« La cavalerie française, appuyée par de l'infan-
» terie, résolut en désespérée de se frayer un chemin
» au haut de la montagne à travers les Prussiens. La
» pente était si escarpée que dans d'autres occasions
» peu de chevaux eussent pu la gravir au trot le plus
» doux, et cependant les Français montèrent avec tant
» de force et de puissance, qu'ils renversèrent com-
» plétement toute la colonne prussienne et s'emparè-
» rent de tous les canons. Cette artillerie resta finale-
» ment aux alliés, mais la plus grande partie des
» chevaux fut enlevée, et un grand nombre de canon-
» niers prussiens fut massacré. »

De son côté, le colonel Boutourlin a écrit, page 44 :

« Les Français trouvèrent le défilé de Tellnitz oc-
» cupé par le général Kleist qui leur barrait entière-
» ment le passage, mais tel est l'effet du désespoir,
» *ces fuyards*, à qui tout moyen de salut paraissait
» ôté, se jetèrent en furieux sur les Prussiens, qui, ne
» pouvant soutenir leur choc, sont culbutés et perdent
» une grande partie de leur artillerie. »

Si cette version de l'historien russe prouve le courage que les Français montrèrent en cette circonstance, d'un autre côté, nous repoussons hautement le mot *fuyards* dont il se sert, et que, dans son récit, il donne plusieurs fois aux soldats du 1ᵉʳ corps. Nous le repoussons, parce que nous affirmons qu'ils se retirèrent en ordre jusqu'au pied des montagnes et ne fuyaient pas.

Ce n'est qu'après avoir renversé le corps de Kleist, que la retraite prit un aspect de désordre, non par la crainte des Prussiens, hors d'état de poursuivre leurs adversaires, mais par suite de l'espèce de désorganisation qui se mit dans les rangs des Français lorsqu'ils pénétrèrent au milieu de l'ennemi. Au sortir de la lutte, toutes les armes se trouvèrent confondues, sans distinction de régiments, de bataillons et de compagnies.

Capitaine de grenadiers dans l'un des deux bataillons du 85ᵉ de ligne (le 4ᵉ), restés les derniers sur le champ de bataille, nous affirmons, en outre, que pas un de ceux d'entre nous qui ne put se faire jour les armes à la main, ne déposa les siennes, comme l'a prétendu à tort le général Okouneff, page 63 ; elles furent enlevées de vive force par l'ennemi, qui pénétra de tous côtés, et en si grand nombre, dans les deux bataillons, que la résistance était presque impossible, mais leurs soldats montrèrent qu'ils savaient se défendre, et si beaucoup succombèrent, c'est que leur courage et leurs efforts ne devaient pas être couronnés de succès.

Au début de cette lutte, et au moment où les deux bataillons fusillés de tous côtés attaquaient la chaussée de Pirna à Tœplitz, la compagnie de grenadiers

du 4ᵉ bataillon fermait la marche de la colonne. For-
cée de s'arrêter à chaque instant pour repousser sur
sa droite et derrière elle les vives attaques des Autrichiens, elle ne put pourtant empêcher une masse de
grenadiers russes de l'aborder par sa gauche. Malgré
la plus rude résistance, ces grenadiers pénétrèrent
au milieu des rangs, ayant à leur tête un jeune et
superbe officier. La lutte devint alors terrible, car
chacun avait compris qu'il fallait vaincre ou mourir.
Serrés les uns contre les autres, sans possibilité de
charger leur arme, les soldats s'en servaient comme
d'un levier, et c'est au plus fort de cette mêlée, de
quelques minutes seulement, d'où la 4ᵉ compagnie
de grenadiers du 85ᵉ sortit cruellement mutilée, que
l'officier russe eut une cuisse cassée par une balle
autrichienne venant de la droite. En tombant, il s'é-
cria en français : — « Je suis blessé ! » Mais à peine
ces mots étaient prononcés, qu'il cessait de vivre : un
grenadier lui cassait la tête d'un coup de crosse. Cette
mort, à laquelle on ne put s'opposer, tant elle avait
été rapide, fut déplorée par ceux de nous qui ne succombèrent point dans cette lutte. Tous pensèrent que
ce brave militaire entré le premier parmi nous,
méritait un autre sort.

A ce malheureux désastre de Culm, si funeste pour
la France par ses résultats, le 1ᵉʳ corps d'armée per-
dit artillerie, bagages et près de 10,000 hommes,
dont 7 à 8,000 prisonniers, au nombre desquels, son
chef, le général Vandamme.

Comme ses dispositions pour cette bataille ont été

bien vivement critiquées par plusieurs historiens français, sans entrer dans ce sujet, nous dirons, pour justifier sa mémoire, que jamais général, au moment d'un grand danger, ne fut plus admirable de sang-froid et de courage. Convaincu de l'entière défaite de son corps d'armée, il se présenta aux deux bataillons du 85e, lorsqu'il marchait contre les Prussiens, barrant la route de Pirna. Après avoir donné à ces deux bataillons ses derniers ordres en ces termes énergiques qui ont tant de puissance sur le soldat français :

« A la baïonnette, si vous tirez un coup de fusil, vous êtes f... ! Il déchira des papiers qu'il avait sur lui (sans doute l'ordre du prince Berthier de marcher sur Tœplitz), puis, se couchant sur le col de son cheval, il se précipita au plus épais des ennemis, avec l'espoir d'y trouver la mort. Elle ne voulut point de lui puisqu'il fut fait prisonnier.

Témoin d'un tel sacrifice, nous le signalons avec la certitude qu'il paraîtra naturel à ceux qui ont connu le général Vandamme.

En restant avec les deux bataillons du 85e, les seuls de son corps d'armée dont il pouvait encore disposer au moment où il parut devant eux, il y avait pour lui des chances de salut, puisque tous les hommes de ces mêmes bataillons ne tombèrent pas au pouvoir de l'ennemi ; mais les gens de cœur comprendront pourquoi il n'en profita point, et pourquoi il préféra chercher dans les rangs de ses adversaires la fin d'une existence exempte jusqu'alors d'un aussi grand revers, et auquel il ne devait pas s'attendre.

Conduit à Prague, devant l'empereur Alexandre, il eut dans ce moment une altercation très vive avec le prince Constantin, frère de l'empereur, lequel, après lui avoir fait enlever son épée, lui reprocha en termes blessants son passé de 1792 à 1793.

Quoique indigné, le général Vandamme répondit cependant froidement :

« Prince, il est peu généreux de faire désarmer et » de parler ainsi à un général français, chef d'un » corps d'armée ; partout ailleurs vous ne me tiendriez » pas impunément un pareil langage. »

L'empereur Alexandre, intervenant aussitôt, s'oublia au point de traiter le général Vandamme de brigand, de pillard. A ces mots, le prisonnier dit d'un ton ferme et calme :

« Sire, il se peut que je sois un brigand, un pil- » lard, mais il est des crimes plus grands dont jamais » ma main ne s'est souillée.

» — Qu'on l'emmène ! » s'écria l'empereur.

Ce fait, dont O-Méara dans son ouvrage de *Napo- léon en exil*, tome Ier, page 118, a reproduit la der- nière partie, nous a été affirmé par un personnage digne de foi, et dans le château duquel nous avons logé, lorsque, trois mois après la bataille de Culm, nous traversions la Bohême pour nous rendre en Hongrie, où la garnison de Dresde était dirigée comme prisonnière de guerre par suite de la violation de la capitulation de Dresde. En l'apprenant, il ne nous étonna point, parce qu'il caractérisait bien le général Vandamme, l'homme à grande énergie ; mais ce qui le confirme pleinement, c'est qu'au lieu d'être traité avec les égards dus à un général chef d'un corps d'armée, il fut, sur l'ordre de l'empereur Alexandre, après la scène dont nous venons de parler, jeté dans une voiture et transporté de Prague à Wintka, sur les confins de la Sibérie, où on le surveillait avec la plus grande rigueur, et d'où il ne revint en France qu'après la paix de 1814. Pourquoi donc cette extrême sévérité envers le général Vandamme seul, quand les généraux Haxo et Guyot furent aussi faits prisonniers à Culm ?

Les débris du 1ᵉʳ corps se retirèrent, les divisions Philippon et Mouton-Duvernet sur Liebenau, occupé par le 14ᵉ corps, maréchal Gouvion Saint-Cyr, et la division Dumonceau, avec les quatre bataillons du 33ᵉ et du 85ᵉ, sur Pirna, où se trouvait le maréchal Mortier avec la jeune garde.

Sans attaquer la mémoire de ces deux maréchaux, qu'il nous soit cependant permis de dire qu'à la malheureuse bataille de Culm ils n'agirent pas comme certainement ils l'auraient fait jadis ; car, il faut l'avouer, déjà en 1813, on ne retrouvait plus chez quelques uns de nos généraux ce feu sacré qui leur avait fait faire de si grandes choses et les avait conduits si souvent à la victoire ; aussi il en résultait que les subalternes commençaient à comprendre que ces chefs ne méritaient plus une entière et aveugle confiance ; et cependant ces subalternes remplirent toujours leur devoir, puisqu'on les trouva les mêmes dans les campagnes de 1814 et 1815, où ils firent tout ce qu'il est donné à la puissance humaine d'exécuter. En fut-il de même parmi les sommités de l'armée ? Non. C'est donc un reproche qu'on peut leur adresser, comme on doit hautement blâmer les maréchaux Gouvion-Saint-Cyr et Mortier pour leur conduite dans l'épisode de Culm, où ils auraient pu jouer un si beau rôle.

Le général Pelet (*Spectateur militaire*, tome Ier, pages 246 à 279) le laisse entrevoir. Nous pensons que les observations suivantes le démontreront.

Le 28 août, le lendemain de la bataille de Dresde, le maréchal Gouvion-Saint-Cyr se mit à la poursuite du corps prussien du général Kleist, lequel se retirait par Maxen. Au lieu de le serrer de près, ainsi que le faisaient à sa droite le maréchal Marmont et le roi de Naples, qui obtenaient de beaux succès sur les fractions d'ennemis qu'ils poussaient, le maréchal Gouvion-Saint-Cyr marcha avec une lenteur extrême ; et en arrivant à Maxen, comme il commençait à se faire tard, dit-il dans ses *Mémoires*, tome IV, page 121, il prit position en face des Prussiens, dans le moment où il entendait, du côté de Dippodiswald, gronder fortement le canon du maréchal Marmont, qui ne trouvait pas que la journée fût trop avancée pour attaquer et battre un corps russe bien plus fort que le sien.

Pourquoi donc le maréchal Gouvion-Saint-Cyr ne fit-il pas de même à Maxen et n'enlevait-il pas ce village dès qu'il y parut, puisque toutes les instructions qu'on lui avait données lui prescrivaient « d'agir avec

» décision, vigueur, et de poursuivre l'ennemi dans
» toutes les directions qu'il aura prises. »

Le maréchal Gouvion-Saint-Cyr était d'ailleurs un
trop habile capitaine, pour n'avoir pas compris que
les alliés, battus à Dresde, et forcés de se retirer en
Bohême par des défilés presque impraticables pour
de faibles détachements, y trouveraient des obstacles
bien plus difficiles à vaincre, en raison du nombre
considérable de troupes qui marchaient dans un très
grand désordre. Il fallait donc profiter de cette situation si favorable pour les Français, et harceler l'ennemi sans lui laisser une seule minute de répit.

Le 29, l'arrière-garde du général Kleist, dont le
corps était parti dans la nuit, ayant abandonné sa
position au delà de Maxen, le maréchal Gouvion Saint-
Cyr la suivit, et, après une marche de 6 à 7 kilomètres, au plus, il s'arrêta à Reinhards-Grimme,
non pour donner du repos à ses troupes, qui ne pouvaient en avoir besoin, mais parce que, dit-il dans
ses *Mémoires*, tome IV, pages 122 et 123, « il
» fut surpris de se trouver à Reinhards-Grimme
» avec le 6ᵉ corps, dont une partie arrivait à cette
» position, et qu'il était peu convenable de faire mar-
» cher le 6ᵉ et le 14ᵉ corps dans le long défilé qui con-
» duit de Falkenhaim à Altenberg et à Tœplitz. »

Il écrivit à ce sujet au prince Berthier, qui répondit
la lettre suivante datée de Dresde le 30 septembre :

« Je reçois votre lettre datée de Reinhards-Grimme,
» par laquelle vous me faites connaître que vous vous
» trouvez derrière le 6ᵉ corps. L'intention de Sa Majesté
» est que, dans cet état de choses, vous appuyiez le

» 6ᵉ corps ; mais il serait préférable que vous puissiez
» trouver un chemin sur la gauche entre le maréchal
» Marmont et le général Vandamme qui a obtenu de
» grands succès le 28. » Le maréchal Gouvion Saint-
Cyr convient, tome IV, pages 122 et 123, que, cette
lettre reçue, on chercha et l'on trouva le chemin de
Glasshütte à Laüenstein, et qu'on le prit.

Lettre bien caractéristique, puisqu'elle établissait
l'espèce de corrélation qui devait exister entre les 1ᵉʳ,
14ᵉ et 6ᵉ corps, sans parler de celle, bien plus significative, que l'Empereur avait fait écrire de Dresde le
28, dont le maréchal Gouvion Saint-Cyr ne dit pas
un mot dans ses *Mémoires*, et qui lui ordonnait de
suivre, pour l'appuyer, le corps du général Vandamme. Cet ordre, il est vrai, fut modifié le lendemain, 29, puisqu'on lui prescrivait d'abandonner la
route de Dohna pour prendre celle de Maxen ; mais
ce changement ne détruisait pas l'appui que devaient
se prêter les quatre corps d'armée lancés à la poursuite de l'ennemi, et assez près les uns des autres
pour se seconder.

Quant à la lettre du prince Berthier, que nous
venons de reproduire, elle condamne celle écrite par
le maréchal Gouvion Saint-Cyr, ainsi que sa halte
inconcevable à Reinhards-Grimme ; car, en admettant qu'il y eût quelques inconvénients à suivre le
6ᵉ corps dans le défilé de Falkenhaim, devait-il s'arrêter et en instruire le prince Berthier ?

Ne pouvait-il pas prendre tout de suite le chemin à
gauche de Glasshütte, ce qu'il ne fit que le lendemain,
et encore beaucoup trop tard ?

Devait-il, dans une circonstance aussi majeure, où les minutes étaient comptées, tant elles étaient précieuses, et quand il avait une lettre du prince Berthier du 29, qui lui disait :

« Suivez vivement l'ennemi sur toutes les directions » qu'il aura prises. »

Devait-il donc envoyer chercher un ordre dont il n'avait pas besoin? Ce qui fait penser que si l'aide-de-camp porteur de la dépêche adressée à Pirna au prince Berthier, lequel n'était plus dans cette ville, mais à Dresde, ne s'y était pas trouvé, l'aide-de-camp aurait été le chercher plus loin, et le maréchal aurait tranquillement attendu son retour à Reinhards-Grimme. Ne pouvait-il pas, au lieu de rester dans une inaction condamnable, agir comme à sa droite le maréchal Marmont, qui, ayant devant lui la principale force de l'ennemi, n'hésita pas, le 28, pendant que le maréchal Gouvion Saint-Cyr s'arrêtait devant Maxen, d'attaquer 25,000 Russes auxquels il fit 3,000 prisonniers? Le 29, journée où le maréchal Gouvion Saint-Cyr s'établissait tranquillement à Reinhards-Grimme, le maréchal Marmont enlevait avec six bataillons une position formidable au delà de Falkenhaim, défendue par 15,000 hommes et 18 pièces de canon. Le 30, poussant toujours l'ennemi, il arrivait dans la soirée à Zinnwald, à six kilomètres de Tœplitz, où il comptait se rendre le lendemain ; faits remarquables, confirmés par le général Pelet, tome Ier, pages 270 et 273, et qui indiquent ce qu'aurait dû faire, de son côté, le maréchal Gouvion Saint-Cyr. Aussi, quand on examine, même dans ses *Mé-*

moires, tout ce qui touche à cette bataille de Culm, on est péniblement surpris en voyant quelles furent en partie les causes de ce désastre ; mais cette surprise augmente encore, lorsqu'on acquiert la certitude, toujours dans les *Mémoires* du maréchal, tome IV, page 123, que c'était moins l'intérêt général de l'armée ou de ses troupes, qui l'occupait dans ce moment d'une si haute importance, que de savoir par l'intermédiaire de son aide-de-camp, porteur de sa lettre au prince Berthier :

« Dans le cas où l'on s'obstinerait à faire marcher » ensemble le 6ᵉ et le 14ᵉ corps, qui l'on désignerait » pour prendre la direction des mouvements ou tout » au moins qui marcherait en tête. »

Demande surprenante de la part du maréchal Gouvion Saint-Cyr, qui savait très bien qu'à moins de dispositions contraires, il en était des corps d'armée comme des divisions ou des régiments dans ces divisions ; c'est-à-dire que les fractions de troupes marchaient par ordre de numéro, et que le maréchal Marmont étant le plus ancien maréchal, c'était à lui que revenait de droit le commandement des deux corps d'armée dès qu'ils étaient réunis.

Lorsque le surlendemain d'une grande bataille, dont les résultats en faveur de l'armée française ont été considérables et pouvaient le devenir bien davantage par suite de la mauvaise position où se trouvait celle des alliés, on voit le maréchal Gouvion Saint-Cyr, dominé par son amour-propre, s'arrêter pour s'occuper de questions de personnes et de préséances, plutôt que de harceler sans relâche, ainsi qu'il en avait reçu l'ordre formel, l'ennemi qui se retirait devant lui ; il faut bien reconnaître qu'il mérite d'être sévèrement blâmé pour ses opérations du 28 au 30 août, et pour la malheureuse catastrophe de Culm.

Ses actes et sa conduite, plus puissants que toutes les raisons contraires qu'on pourrait donner, existent et le prouvent.

En effet, si, au lieu de s'arrêter vingt-quatre heures à Reinhards-Grimme, il avait pris tout de suite le chemin de Glasshütte et de Liebenau, il serait arrivé le 29, de très bonne heure, à cette dernière position, et il aurait pu se porter facilement et en très peu de temps à Schonwald ou à Furstenwald, sur la crête des montagnes, non loin de Culm. Mais, ainsi que nous l'avons dit, ce mouvement n'ayant été exécuté que le 30, à midi, après l'arrivée de l'aide-de-camp, fut beaucoup trop tardif, ce dont le maréchal put se convaincre et en apprécier le mauvais résultat, puisqu'il a écrit tome IV, page 125 :

« Qu'on ramassa, chemin faisant, beaucoup de traî-
» nards de l'armée ennemie, par groupes de corps et
» de nations différentes, qui attestaient assez le désor-
» dre où se trouvait pour le moment cette armée. »

Aveu curieux, qui indique clairement quelles prises considérables il pouvait faire, si, comme le maréchal Marmont, il avait poussé vivement l'ennemi.

Nous ferons, en outre, observer qu'en se portant le 29 à Schonwald ou à Furstenwald, ce qui lui était facile et ce qu'il aurait dû exécuter, il secondait le mouvement du général Vandamme sur Tœplitz ; car, sans même descendre en Bohême, quelques coups de canon, annonçant sa présence sur la crête des montagnes, eussent été un puissant auxiliaire pour le 1er corps, et eussent singulièrement paralysé l'action des ennemis, qui, inquiets de l'arrivée des Français dans une position aussi avantageuse, n'auraient pu empêcher le général Vandamme de s'emparer de Tœplitz.

Mais, laissant de côté cette hypothèse, l'occupation de Schonwald ou de Furstenwald par le maréchal Gouvion Saint-Cyr devait produire d'autres résultats d'une grande valeur, puisque, maître de cette position, il s'opposait à ce que le général Kleist en prît la route, la seule qu'il pouvait parcourir, et vînt, le 30, se mettre derrière le général Vandamme. De plus, ce jour-là, le maréchal Gouvion Saint-Cyr aurait eu la possibilité de jouer un rôle superbe, en se jetant en arrière de l'aile gauche de l'armée des alliés, par la route de Furstenwald à Kraupen. Dans ce cas, Dieu seul sait ce qui serait arrivé ; mais, ce qui est certain, c'est que la bataille de Culm n'eût pas été un grand malheur, auquel on peut reprocher au maréchal Gouvion Saint-Cyr d'avoir contribué par l'indifférence ou l'indécision de son caractère, ce qui, en d'autres temps, avait fait dire au général Moreau, parlant de lui :

« Gouvion Saint-Cyr est un officier du plus grand » mérite ; mais malheureusement quand il faut qu'il » exécute un ordre, sa montre retarde toujours de » dix minutes. »

La haute et méritée réputation militaire qu'a laissée le maréchal Gouvion Saint-Cyr est si bien établie, que cette opinion du général Moreau peut paraître injuste ou exagérée ; mais si on lit avec une sérieuse attention les *Mémoires* du maréchal, et qu'on les compare avec ce que d'autres historiens ont écrit sur les sujets qu'il traite, on acquiert la certitude que le général Moreau avait bien jugé.

Nous venons d'expliquer les motifs qui engagèrent le maréchal Gouvion Saint-Cyr à s'arrêter à Reinhards-Grimme, dans un moment où il fallait faire tout le contraire. Nous le voyons ne pas vouloir prendre sur lui de marcher avec le 6e corps ou de se porter à gauche, ce que ses instructions lui laissaient la latitude d'exécuter, puisqu'il devait suivre l'ennemi dans toutes les directions qu'il aurait prises. Eh bien ! le même maréchal qui, dans un moment si précieux sous tant de rapports, envoie chercher pour agir un ordre dont il n'a pas besoin, trente-six heures après, refuse d'exécuter celui de l'Empereur, qu'il reçoit dans la nuit du 31, et qui lui prescrit :

« De renvoyer à Dresde les débris du 1ᵉʳ corps
» pour les réorganiser ; de se replier lui-même sur
» Dresde avec son corps d'armée, et de faire passer
» un ordre semblable au chef du 6ᵉ corps ; prétendant,
» ajoute le maréchal, pour expliquer son refus, que
» cet ordre était le résultat de la crainte qui était en-
» trée dans le cœur de Napoléon, et que croyant
» apercevoir trop de précipitation dans cette mesure,
» dont la prompte exécution ne pouvait manquer de
» produire le plus mauvais effet, il prévenait le ma-
« réchal Marmont, en lui faisant passer son ordre,

» qu'il ne comptait pas exécuter celui qu'il avait reçu
» lui-même, avant qu'on lui en eût envoyé d'autres.
» Qu'il l'engageait à suivre le même parti, et qu'il
» faisait des observations semblables au prince Ber-
» thier, auquel il écrivait, en lui laissant entendre que
» la précipitation était rarement un bon conseiller ;
» qu'il fallait quelque temps pour se préparer à ce
» mouvement rétrograde, tant pour faire évacuer l'ar-
» tillerie que pour laisser passer une quantité de bles-
» sés qui arrivent du 1er corps, et qui filent dans ce
» moment, etc.... »

Nous nous arrêtons dans l'entière reproduction des
pages 130, 131 et 139 du tome IV des *Mémoires* du
maréchal Gouvion Saint Cyr, tout en croyant que ce
que nous venons d'en transcrire en dit assez pour
faire apprécier ce qu'on doit penser d'un chef de corps
d'armée qui se permet de commenter les ordres qu'il
reçoit, refuse de les exécuter, et engage les autres à
en faire autant, quand on sait que ce même chef, qui
a entre les mains des instructions lui laissant toute la
latitude d'agir, et lui prescrivant en même temps de
poursuivre l'ennemi dans toutes les directions, ne les
trouve pas assez positives, et en envoie chercher de
nouvelles pour connaître quelle route il prendra ou
qui commandera.

Si ces faits n'avaient pas été publiés par le maréchal Gouvion Saint-Cyr, on aurait de la peine à y
croire, tant ils sont extraordinaires ; mais ils existent
et rien ne les justifie :

1° Parce que le maréchal, au lieu de s'arrêter à
Reinhards-Grimme, devait marcher haut la main.

2° Parce qu'en refusant d'exécuter l'ordre de l'Empereur du 31, sa pensée n'était pas qu'il devait agir ainsi pour venir en aide de l'armée ou d'une fraction d'armée, comme cela s'est présenté plusieurs fois dans des moments critiques, parce que, le 31 août, rien de semblable n'existait; car si les alliés avaient battu le corps du général Vandamme, ils savaient que ce n'était qu'une faible partie de cette Grande-Armée qui leur avait fait éprouver un si rude échec devant Dresde, comme ils savaient aussi que cette victoire ne leur donnait pas la possibilité de prendre l'offensive sitôt après l'avoir obtenue. Le maréchal Gouvion Saint-Cyr avait une trop grande expérience de la guerre pour ne l'avoir pas de même compris.

Nous pensons donc que ces diverses observations établiront clairement sa conduite pendant les journées du 28 au 31 août; mais comme nous tenons essentiellement à justifier et même à corroborer ces observations, nous faisons connaître ce que nous savons sur ce qui s'est passé deux mois plus tard, pendant le blocus de Dresde, en octobre et novembre.

Après le départ de Dresde de l'Empereur Napoléon (7 octobre), le maréchal Gouvion Saint-Cyr fut forcé, le 11 octobre, de se renfermer dans la ville avec les 1er et 14e corps d'armée. Jugeant, sans doute, que l'inaction dans laquelle il était resté du 11 octobre au 6 novembre pourrait un jour lui être sévèrement reprochée par l'Empereur, il se décida à faire exécuter le 6 novembre une tentative de sortie, qui, si elle réussissait, aurait donné la possibilité d'abandonner Dresde, de descendre l'Elbe par la rive droite, pour

réunir aux 25,000 hommes renfermés dans la capitale
de la Saxe les garnisons de Torgau, de Wittemberg
et de Magdebourg, ce qui aurait formé sur les derrières de l'armée des alliés une masse de combattants
assez considérable pour entraver ses opérations.

Cette grande pensée, dont l'accomplissement pouvait produire d'incalculables résultats ; pour l'exécution de laquelle il ne fallait avoir de repos ni jour ni
nuit ; qui fut la continuelle préoccupation du général
comte de Lobau ; qu'on pouvait entreprendre lorsqu'il
la proposa le 21 octobre, ou le lendemain, lorsqu'on
acquit la certitude du résultat de la bataille de Leip-
sick, ne fut plus possible le 6 novembre. Aussi, en
examinant ce que les historiens militaires ont écrit sur
ce sujet, ce que le maréchal Gouvion Saint-Cyr a lui-
même publié, tome IV, pages 242 à 266, et la lettre
si significative que lui adressa, le 5 novembre, le général comte de Lobau, tome IV, pages 471 et 472,
on ne peut disconvenir que la sortie de Dresde du 6
ne fut qu'un simulacre pour sauver les apparences et
mettre la responsabilité du maréchal à couvert. Exé-
cutée au moment où elle devait être sans résultats
favorables pour l'armée française, elle produisit ce
qui arrive quand on échoue dans de semblables circonstances, c'est que l'ennemi, dont les forces aug-
mentaient chaque jour, resserra de plus en plus la
place, et finit par rendre la situation de tout ce qui y
était renfermé si pénible, que le maréchal Gouvion
Saint-Cyr fut obligé d'assembler le conseil de défense.

La discussion y fut orageuse. Tout en convenant
que la capitulation proposée par le maréchal devait

être adoptée, des généraux lui reprochèrent d'avoir
repoussé, le **21** octobre, la proposition du général
comte de Lobau de se retirer sur Torgau, Wittemberg
et Magdebourg. C'est à la suite de ces reproches que
le général comte de Lobau, éprouvant sans doute un
vif regret de ce que cette heureuse inspiration n'avait
pas été écoutée, s'écria :

« Vous pouvez être certain, monsieur le maréchal,
» que lorsque je verrai l'Empereur, il me reprochera
» de n'avoir pu, le **21** octobre, vous décider à aban-
» donner aussitôt Dresde, ou du moins à me laisser
» partir avec mon corps d'armée seul, ainsi que je
» l'avais proposé. »

Ce renseignement curieux nous a été affirmé par un
général, membre du conseil de défense ; nous le te-
nions déjà du général comte de Lobau, de cet homme
remarquable et digne des temps antiques. Nous es-
pérons que l'on comprendra, d'après ces courts détails
sur le blocus de Dresde, qui sont de la plus exacte
vérité, que les paroles attribuées au général Moreau
sur le comte du maréchal Gouvion Saint-Cyr ne sont
pas dénuées de fondement, et qu'à Dresde, il ne fut
point différent de ce qu'il avait été pendant l'épisode
de Culm. Quant au maréchal Mortier, qui occupait
Pirna avec la jeune garde, et où il n'aurait pas dû
être, il y était bivouaqué aussi tranquillement que si
un très grave événement ne s'était point passé à quelques kilomètres de lui.

Lorsque la fraction du **1ᵉʳ** corps, dont nous faisions
partie, y arriva à neuf heures du soir, rien n'indiquait
qu'on se fût mis en mesure de soutenir le général

Vandamme, avec lequel on avait même commis la
faute de ne pas rester en communication, puisque les
divisions du général Kleist avaient pu impunément se
glisser entre les deux corps français.

Le général Pelet, *Spectateur militaire*, tome Ier,
pages 274 et 277, dit bien :

« Le corps de Kleist, ayant été signalé entre Nol-
» lendorf et Pirna, le général Lefebvre-Desnouettes
» envoya quelques cavaliers, et le maréchal Mortier
» prit les armes un peu tard (deux heures de l'après-
» midi) pour le suivre. »

Mais nous ferons observer qu'à notre arrivée, le
maréchal Mortier ne paraissait pas avoir quitté Pirna
de la journée, à moins qu'il n'y fût revenu après la
prise d'armes dont parle le général Pelet, ce qui n'est
point probable, parce qu'en se portant dans la direction de Culm, il aurait alors acquis la certitude qu'il
valait mieux avancer que rétrograder ; et d'ailleurs,
n'avait-il pas appris qu'un corps ennemi était signalé
entre Nollendorf et Pirna ?

La première nouvelle de la défaite du général Vandamme, qui fut apportée au maréchal Mortier par le
chef de bataillon du 85e de ligne, Saint-Ange Chapuis,
le trouva impassible, nous pouvons nous servir de
cette expression, puisque cette nouvelle ne lui fit prendre tout de suite aucune mesure. Ce fut seulement le
lendemain, lorsque le jour parut, qu'on songea à se
mettre en garde contre l'ennemi, dans le cas où il se
présenterait.

Témoin de cette indifférence si caractéristique dans
de semblables circonstances, nous avons dû la signa-

ler, comme nous devons dire que dans le temps, et encore aujourd'hui, beaucoup de militaires rendent le général Vandamme responsable du désastre de Culm, tandis qu'au contraire nous croyons qu'il en fut la grande victime et non l'auteur. Puissent nos observations en persuader ceux qui les liront, comme nous voudrions les convaincre de cette triste vérité, qu'à compter de la campagne de 1813, dès que l'Empereur *n'était plus là*, *tout semblait avoir disparu!*

Ici se termine ce que nous avions à dire sur la bataille de Culm, dont nous n'avons songé qu'à présenter les détails que nous connaissons, afin qu'on puisse apprécier le jugement qu'en a porté le général Okouneff.

Si, ainsi qu'il le prétend, tout le 1er corps d'armée avait mis bas les armes, ce que les alliés purent espérer, nous lui demanderons de quels soldats se serait composé ce même corps, fort de près de 10,000 hommes, dont le général comte de Lobau prit le commandement trois jours après la lutte de Culm. Nous pensons qu'il répondrait aussi difficilement à cette question qu'il lui serait impossible de contredire les observations des deux historiens russe et anglais, dont nous nous sommes servi pour appuyer notre narration.

CHAPUIS,

Capitaine de grenadiers à l'ancien 85e de ligne,
ex-Colonel de la 4e légion de la garde nationale
de Paris.

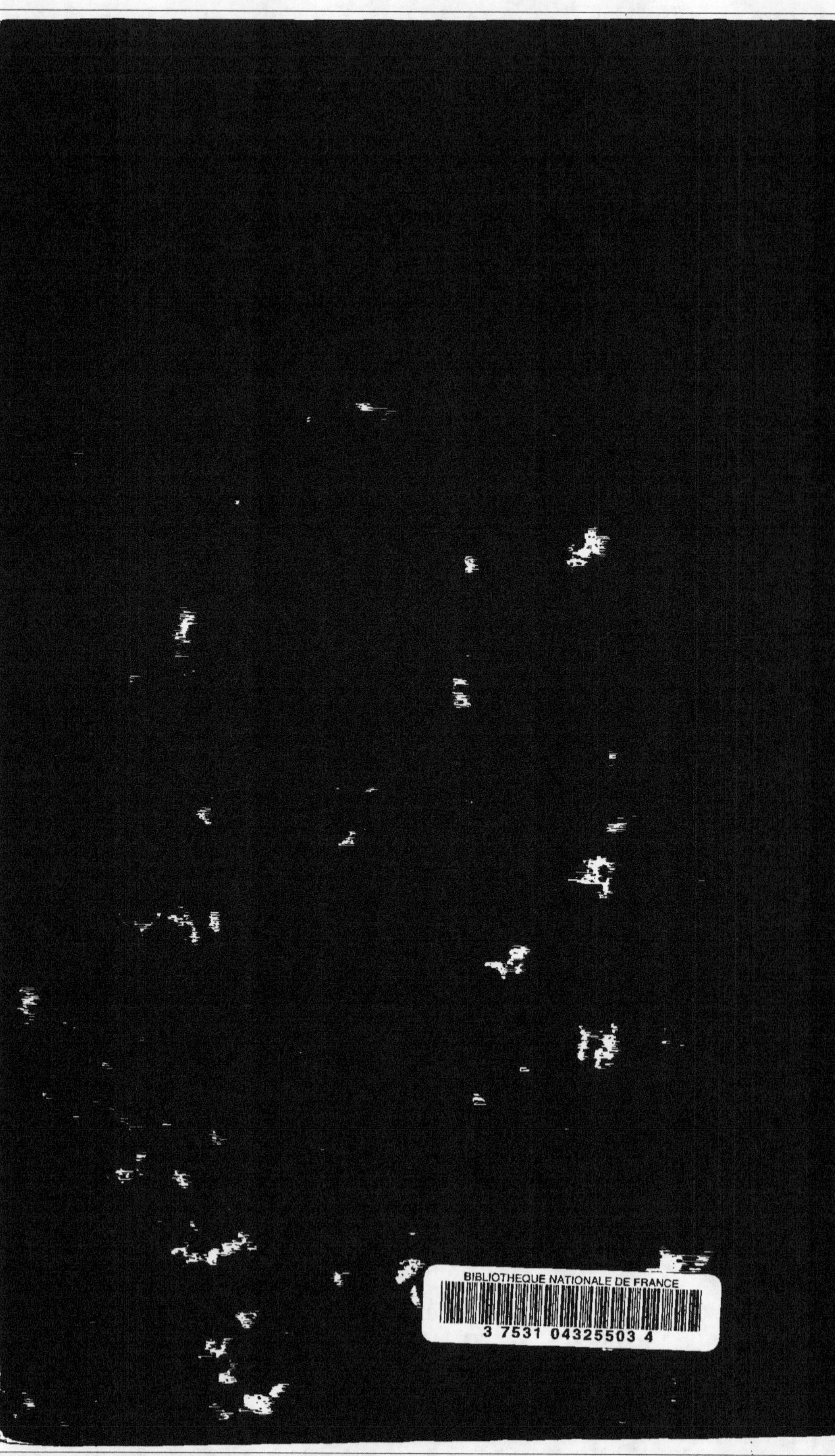